Gordie Howe, « Monsieur Hockey »

Mike Leonetti

illustrations de
Greg Banning

texte français de
Marie-Carole Daigle

Catalogage avant publication de Bibliothèque et Archives Canada

Leonetti, Mike, 1958-
[Hero Named Howe. Français]
Gordie Howe, « Monsieur Hockey » / Mike Leonetti;
illustrations de Greg Banning; texte français de Marie-Carole Daigle.

Traduction de : A Hero Named Howe.
ISBN 0-439-94179-2

1. Howe, Gordie, 1928- --Romans, nouvelles, etc. pour la jeunesse.
2. Hewitt, Foster, 1902-1985--Romans, nouvelles, etc. pour la jeunesse.
3. Detroit Red Wings (Équipe de hockey)--Romans, nouvelles, etc. pour la jeunesse.

I. Banning, Greg II. Daigle, Marie-Carole III. Titre.
IV. Titre: Hero Named Howe. Français.

PS8573.E58734H4714 2006   jC813'.54   C2006-902716-1

Édition publiée par les Éditions Scholastic, 604, rue King Ouest, Toronto (Ontario) M5V 1E1,
avec la permission de Raincoast Books.

5 4 3 2 1   Imprimé en Chine   06 07 08 09

Conception graphique : Teresa Bubela

REMERCIEMENTS
L'auteur a consulté les documents et films suivants :
des livres de Kevin Allen, Stan Fischler, Colleen Howe, Gordie Howe, Roy McSkimming, Don O'Reilly, Frank Orr, Andrew Podnieks et Jim Vipond;
des ouvrages de référence : *NHL Guide and Record Book*, *Total Hockey*, et des guides médiatiques des Red Wings de Detroit;
des magazines : *The Hockey News*, *Hockey Illustrated*, *Hockey Pictorial*, *Maclean's*, et le programme de la saison 1963-1964 des Red Wings de Detroit;
un journal : *The Globe and Mail*;
des bandes vidéo et des films : *Greatest Sports Legends* et *ESPN Sports Century*.
L'auteur souhaite remercier Chuck Kaiton, commentateur et membre du Temple de la renommée du hockey, qui a bien voulu partager ses souvenirs, ainsi que la station radiophonique de Toronto Fan 590, qui l'a autorisé à utiliser son entrevue avec M. Kaiton.

Ce livre est dédié à Gordie et Colleen Howe ainsi qu'à toute leur famille.
— Mike Leonetti

À tous nos héros – ceux d'hier, d'aujourd'hui et de demain
— Greg Banning

Malgré la chaleur qu'il fait en cette journée d'août, j'ai la tête au **hockey.** Mon père me conduit à l'Olympia de Detroit, où je vais participer à un camp de hockey offert par les Red Wings de Detroit. J'ai vraiment hâte de rencontrer les joueurs qui vont être nos entraîneurs. Surtout que mon héros, **Gordie Howe,** est du nombre!

Gordie Howe est le **meilleur joueur** de la Ligue nationale de hockey. L'année dernière, ses 49 buts et 46 aides lui ont permis de décrocher le trophée du joueur le plus utile à son équipe. Il a aussi cumulé le plus grand nombre de points de toute la Ligue. Choisi pour faire partie de la première équipe d'étoiles, Howe a ensuite mené les Red Wings jusqu'à la finale de la Coupe Stanley, mais ce sont les Maple Leafs de Toronto qui ont gagné le trophée.

Gordie est un **joueur fort et costaud**, mais sur la glace, il est rapide et agile. Peu de joueurs arrivent à le rattraper. Son lancer frappé court est tellement puissant qu'il semble capable de marquer des buts à sa guise. Au cours de la saison qui vient, il compte bien battre le record des buts marqués, détenu par le Rocket, le grand Maurice Richard. Il ne lui manque que **cinq buts!**

Je collectionne les cartes de hockey à l'effigie de Gordie Howe. Je les ai toutes. J'ai bien hâte que la collection 1963-1964 soit sur le marché, car je veux être le **premier** à avoir sa carte! Dans ma chambre, j'ai accroché un calendrier des Red Wings, avec une photo de mon héros en première page. J'espère de tout cœur que les Red Wings vont se rendre en finale encore cette année.

Arrivés à l'aréna, nous enfilons vite nos vêtements de hockey, puis nous sautons sur la glace. Nous faisons quelques exercices d'échauffement en attendant les joueurs des Red Wings. Les voilà enfin : Terry Sawchuk, Alex Delvecchio, Bill Gadsby et Marcel Pronovost. Puis je vois mon héros en personne : Gordie Howe! Qu'il a l'air imposant, dans son chandail **numéro neuf** rouge vif! Nous sommes tous très intimidés. Et devinez **la chance** incroyable que j'ai? Je me retrouve dans l'équipe qui a Gordie comme entraîneur!

Gordie nous dit que nous allons travailler toutes les sortes de lancers. Il fait une démonstration du lancer frappé court, du tir du revers, du lancer des poignets et du lancer frappé. Il dit qu'il est important que le gardien de but **ne sache jamais** comment on va lancer la rondelle. J'écoute très attentivement, puis je m'exerce en suivant ses conseils à la lettre.

Avant la fin de la journée, nous faisons une partie avec les Red Wings. Je me retrouve dans l'équipe de Gordie! Quand Gordie a la rondelle, **personne** ne peut la lui retirer. On jurerait qu'elle colle à son bâton. Lorsque je le vois s'élancer vers l'autre zone en maniant le bâton, je patine de toutes mes forces pour arriver à sa hauteur. Voyant que je suis seul, Gordie me passe vite la rondelle. Le gardien ne s'attendait pas du tout à cela, si bien que le filet devant moi est presque vide. Malheureusement, je vise **complètement** à côté!

Après la partie, Gordie patine vers moi.

— Comment t'appelles-tu, mon grand? me demande-t-il.

En tentant de ne pas trop bredouiller, je lui réponds :

— Charles, monsieur, mais tout le monde m'appelle Charlie.

Gordie me sourit, ce qui me met plus à l'aise.

— Charlie, poursuit-il, j'avais bien préparé ce but, mais tu n'as pas réussi à marquer. **Qu'est-il arrivé?**

— J'imagine que je ne suis pas assez bon, dis-je d'un air piteux.

— Mais non, Charlie! s'exclame Gordie. C'est parce que tu as été pris par surprise. Continue de t'exercer et tu vas faire des progrès. Et puis, essaie de tenir ton bâton comme ça, ajoute-t-il en montrant comment placer mes mains. Au hockey, il est important de faire de ton mieux, mais tu dois aussi **t'amuser.** On en reparlera demain.

La semaine passe **très vite.** J'adore mon camp de hockey en compagnie des Red Wings. Gordie Howe et les autres m'enseignent tant de choses!

L'été est maintenant terminé, et je reprends le chemin de l'école. La nouvelle saison de hockey va bientôt commencer pour les Red Wings, et je me demande **combien de temps** il faudra à Gordie pour établir un nouveau record. Il ne lui manque que cinq buts! Je suis les matches de l'équipe grâce à ma petite radio et à Budd Lynch. J'adore sa façon expressive de commenter. Et le dimanche soir, mon père me laisse **écouter** le match à CBC. Le commentateur, Foster Hewitt, sait vraiment comment partager avec nous l'excitation du moment! Le samedi, je m'assois devant la télé à côté de mon père pour regarder *La soirée du hockey*.

Je ne manque pas une **seule partie** des Red Wings, toujours dans l'espoir de voir Gordie battre le record! Au cours de la première partie de la saison, il marque deux buts, et Detroit remporte la victoire contre Chicago. Au cours du match suivant, où Detroit affronte les Bruins de Boston, Gordie marque **un autre** but, mais il n'arrive pas à marquer au cours des quatre matches qui suivent. Finalement, il marque un but contre le Canadien de Montréal, ce qui lui permet d'égaler le record. Puis cinq matches de suite sans que Gordie parvienne à marquer un but! On dirait que le compteur est **bloqué** à 544!

Pendant que Gordie Howe tente de battre le record, moi, je commence à jouer dans la ligue de mon quartier. Je m'améliore, mais j'ai souvent du mal à suivre la stratégie du jeu. Je patine bien, mais il faut aussi être **rapide comme l'éclair** pour être bon hockeyeur! Il m'arrive souvent de ne plus trop savoir que faire sur la glace, et mes lancers manquent de puissance. Mon entraîneur me donne bien quelques conseils, mais je suis loin d'être aussi bon que mes camarades ou que Mark Howe, le fils de Gordie qui est dans la même ligue que moi. Je suis un peu découragé, mais je continue **à m'exercer**, comme Gordie m'a suggéré de le faire.

Je suis plus heureux le jour de mon **anniversaire**, en novembre. Ma mère m'a acheté un livre écrit par nul autre que **Gordie Howe!** Sur la page couverture de ce livre intitulé *Le hockey... par Gordie Howe*, il y a une photo de Gordie et de ses deux fils. Aussi, mon oncle préféré me donne la toute dernière carte de hockey de Gordie. Mais le plus beau cadeau de tous, c'est mon père qui me l'offre : **deux billets pour assister à un match des Red Wings!** Sur les billets, on peut lire ce qui suit : *PARTIE 8, dimanche 10 novembre 1963, Red Wings de Detroit c. Canadien de Montréal.*

— Gordie va peut-être battre le record **devant nous!** dis-je à mon père, ayant encore du mal à croire que je vais assister, pour la première fois, à un match de la LNH à l'Olympia!

Ce soir-là, je reste éveillé tard afin de finir le livre de Gordie. Il y donne une foule de conseils sur la meilleure façon de jouer. J'apprends pas mal de choses. Gordie dit qu'il faut jouer au hockey **toute l'année** et insiste sur l'importance du travail d'équipe. Il recommande aussi de ne pas négliger le reste, par exemple la famille et l'école. Mais ce qu'il dit de plus intéressant encore, c'est que, même si **tous** ceux qui jouent au hockey espèrent jouer un jour pour la Ligue nationale, seulement quelques-uns ont assez de talent pour y parvenir. Il ajoute qu'il existe bien d'autres façons d'aider son équipe préférée, car on peut évoluer dans le monde du hockey **sans** nécessairement jouer.

— C'est une idée, ça... me dis-je, avant de m'endormir.

Le lendemain, c'est samedi. Je m'amuse beaucoup au cours de ma partie de hockey. Je joue de mon mieux et réussis **enfin** à marquer un but! Mon entraîneur est content.

Le soir, à table, je parle à mes parents des suggestions que fait Gordie dans son livre.

— C'est sûr que j'aimerais devenir assez bon pour jouer dans la LNH, mais je pourrais **peut-être** trouver autre chose si je n'arrive pas à être joueur professionnel.

— Penses-tu à quelque chose en particulier, Charlie? me demande ma mère.

— En fait, j'aime bien écouter les commentateurs sportifs comme Foster Hewitt décrire les matches. C'est quelque chose qui pourrait m'intéresser, dis-je en tentant d'avoir l'air sûr de moi.

— Excellente idée! dit mon père. C'est vrai que tu es drôlement attentif quand tu écoutes une partie.

Puis mon **père** a une idée géniale :

— Tu pourrais essayer de commenter la partie quand nous serons à l'Olympia, demain soir. Ce serait une bonne occasion de voir si tu es capable de **suivre** un match.

— Je peux essayer, dis-je, un peu nerveux à cette idée.

Le lendemain soir, nous nous rendons très tôt à l'Olympia. Une bonne odeur de hot-dogs et de maïs soufflé nous accueille à l'entrée. Nous achetons de quoi grignoter ainsi qu'un programme. Je me procure aussi un fanion et une photo de Gordie Howe. Dans le hall, il y a une immense photo de Gordie, en train de marquer un but dans le filet de Johnny Bower des Maple Leafs de Toronto. Pendant que nous regardons la photo, mon père remarque le commentateur Foster Hewitt, qui se tient là, juste à côté de nous. Il est à l'Olympia pour décrire la partie! Nous nous mettons à bavarder avec lui.

— Pensez-vous que Gordie Howe va battre le record ce soir? nous demande-t-il.

— **Je l'espère bien,** monsieur, dis-je. Comme c'est probablement la seule partie à laquelle je vais assister cette année, j'espère qu'il marquera son but ce soir!

— Mon fils aimerait bien être **commentateur sportif** un jour, intervient mon père. Auriez-vous un conseil à lui donner?

— Chose certaine, tu dois t'exprimer très clairement et avec des mots précis, surtout à la radio, répond le commentateur en souriant. Familiarise-toi avec tous les joueurs de la Ligue et regarde bien qui est sur la patinoire. C'est un métier fantastique, mon grand. **Bonne chance!** ajoute-t-il en nous quittant.

Mon père et moi nous rendons à nos sièges, situés dans la section 21 du balcon, vers le milieu de la patinoire. Nous avons les deux premiers sièges de la **dernière rangée!** Plus de 15 000 personnes sont entassées dans l'Olympia afin de voir cette partie opposant Detroit à Montréal.

Il n'y a aucun but durant toute la première période. Ce sont les Red Wings qui marquent le premier but, lorsque Bruce MacGregor pousse la rondelle dans le filet, au début de la deuxième période. Cinq minutes plus tard, Alex Faulkner marque à son tour; le pointage est alors de 2 à 0 pour Detroit. Au cours des 10 minutes suivantes, il n'y a aucun but. Puis Faulkner écope d'une punition de cinq minutes pour avoir trop élevé son bâton. Montréal a une chance de se rattraper.

— Eh, Charlie! Tu devrais en profiter, pendant que Montréal a un avantage numérique, pour commenter la partie, me suggère mon père. Les Red Wings vont être occupés jusqu'à la fin de leur punition à essayer d'empêcher le Canadien de marquer; alors je doute qu'ils arrivent à marquer. Allez, essaie! **Montre-moi ce que tu peux faire.**

— **D'accord,** mais laisse-moi une minute pour voir qui est sur la glace, dis-je en me rappelant le conseil de Foster Hewitt.

J'observe les joueurs sur la patinoire, puis je me mets à décrire la partie.

— Jean Béliveau du Canadien lance la rondelle le long de la bande jusqu'à la zone adverse. Pronovost s'en empare et la passe à Howe. Howe la passe à Billy McNeill. Les Red Wings amorcent une montée, et Gadsby se joint à eux. Trois joueurs du Canadien sont coincés dans la zone des Red Wings! Il ne reste que Béliveau et Jacques Laperrière pour défendre la zone du Canadien.

Je suis tellement pris par le jeu que j'ai du **mal à continuer!**

— McNeill se déplace vers le centre, fait une feinte en direction de Gadsby, et passe à Howe. Howe frappe sans hésiter. **ET C'EST LE BUT!** Mesdames et messieurs, Gordie Howe vient de battre le record du meilleur marqueur de tous les temps! Il a déjoué Charlie Hodge! Howe saute de joie derrière le filet du Canadien, et ses coéquipiers l'entourent pour le féliciter.

— Charlie, c'était super! s'exclame mon père.

— Pas trop mal, le jeune! lance un spectateur derrière nous.

— Merci, dis-je. J'ai **bien choisi mon moment.** La première fois que je fais semblant d'être le commentateur sportif, mon héros Gordie Howe fracasse un record!

La foule, debout, applaudit Gordie à tout rompre; la partie est interrompue durant plus de 10 minutes. Jean Béliveau s'approche de Gordie pour lui serrer la main.

Ce jour-là, les Red Wings remportent la partie 3 à 0.

Après le match, mon père m'amène à la porte d'où vont sortir les joueurs. Bientôt, Gordie arrive et un flot de gens se précipitent sur lui pour lui demander un autographe. Patient, il accepte d'en signer un **à tout le monde.**

— Mais je te connais! me dit-il lorsque je m'approche de lui à mon tour. Tu es Charlie, du camp d'entraînement.

— **Oui, monsieur.** J'ai lu votre livre et j'ai décidé de suivre votre conseil : si je ne réussis pas à jouer dans la LNH, je vais faire un autre travail dans le milieu du hockey. Peut-être que je serai commentateur sportif, comme Foster Hewitt.

— Excellent! C'est vrai qu'il y a **bien des façons** de jouer un rôle dans le monde du hockey. Tu as peut-être du talent pour devenir commentateur, mais il va falloir que tu travailles fort si tu veux être aussi bon que Foster Hewitt.

— **Ça, c'est sûr!** lance M. Hewitt, qui sort justement de l'aréna. Il faut t'exercer sans cesse et surtout adorer le hockey!

Je souris de toutes mes dents à ces deux légendes du hockey.

Sur le chemin du retour, je ne me lasse pas de regarder la photo de Gordie, sur laquelle il a écrit : « Bonne chance, Charles! de Gordie Howe ». Je me promets de la garder précieusement. J'ai aussi réussi à avoir la signature de Foster Hewitt sur mon programme.

— Tu sais, Gordie Howe et Foster Hewitt sont vraiment des grands du hockey, dit mon père. Si tu continues de t'entraîner, tu peux aller loin au hockey. Et si tu n'arrives pas à devenir joueur professionnel, tu pourras peut-être travailler comme commentateur sportif.

— Ce serait **génial!** J'ai bien aimé commenter la partie en direct. Je n'oublierai jamais cet instant où j'ai décrit le but qui a permis à Gordie Howe de battre un record. Foster Hewitt m'a donné de bons conseils. Si je m'acharne vraiment, je peux devenir un très bon commentateur sportif. C'est Gordie Howe qui m'y a fait penser. Il mérite bien son surnom de « **Monsieur Hockey** »!

Un mot sur Gordie Howe

Gordie Howe est né le 31 mars 1928 à Floral, en Saskatchewan. Il s'est joint aux Red Wings de Detroit en 1946 et a gagné quatre fois la Coupe Stanley avec eux. Au cours de sa carrière, Howe a été six fois meilleur pointeur de la LNH et a gagné six fois le trophée Hart accordé au meilleur joueur de la Ligue. Premier joueur à accumuler 1000 points dans sa carrière, il a été choisi 21 fois pour faire partie de l'équipe des étoiles de la LNH, ce qui constitue un record. C'est au cours de la saison 1968-1969 qu'il a obtenu le plus grand nombre de points, soit 103 (44 buts et 59 aides). En tout, il a marqué 801 buts au sein de la LNH (seul Wayne Gretzky a réussi à le devancer), en plus d'avoir obtenu 1049 aides, pour un total de 1850 points. Il détient le record de la LNH quant au nombre de saisons de hockey au cours desquelles il a joué (26) et quant au nombre de saisons consécutives où il a marqué 20 buts ou plus (22). Il a quitté les Red Wings en 1971, mais est revenu jouer au sein de l'Association mondiale de hockey en 1973-1974. Cette saison-là, il a d'ailleurs été nommé joueur le plus utile. En 1979-1980, Gordie Howe a joué une dernière saison dans la LNH, avec les Whalers de Hartford. Il avait alors 52 ans.

Un mot sur Foster Hewitt

Foster Hewitt est né à Toronto, le 21 novembre 1902. Étudiant à l'Université de Toronto, il a été champion de boxe intercollégial. Le 22 mars 1923, il a commenté l'un des tout premiers matches de hockey diffusés en direct à la radio, depuis la patinoire de la rue Mutual à Toronto. Bientôt, il est devenu célèbre en commentant les matches des Maple Leafs de Toronto à la radio (et plus tard à la télévision). Il a fait vivre des matches avec passion à des millions d'adeptes partout au Canada et dans le Nord des États-Unis. Sa phrase légendaire « He shoots, he scores! » (Il lance et compte!) l'a rendu célèbre, peut-être plus que certains joueurs! Chef d'entreprise efficace, il a mis sur pied une station de radio en 1951 dont les lettres reprenaient les initiales de son nom (CKFH). Lors de la télédiffusion de la fameuse série Canada-Russie de 1972, c'est Hewitt qui était le commentateur. Il a été intronisé au Temple de la renommée du hockey en 1965, dans la catégorie des bâtisseurs, et est décédé en 1985.